図書館版
誰でもわかる古典の世界①

誰でもわかる 日本の二十四節気 と七十二候

脳トレーニング研究会編

黎明書房

図書館版まえがき

　この本は，日本の細やかな季節の移り変わりを味わうのにとても役に立つ二十四節気（にじゅうしせっき）と七十二候（しちじゅうにこう）について，様々なことが，クイズで楽しく覚えられる本です。

　クイズに加えて，各節，各候にちなんだ和歌（短歌）や俳句を紹介しました。鑑賞の助けに短い解説も付けました。季節の情感を，今，私たち日本人がこんなにも深く味わえるのも，長い年月の間に積み重ねられた多くの先人の営みがあってのことなのです。

　では，二十四節気と七十二候のことを簡単にお話ししましょう。

　1年を4つに分けたのが四季です。1年を24に分けたのが，二十四節気です。その二十四節気をそれぞれ3つに分けたのが七十二候です。季節の移り変わりがそこには示されています。それらは，1年の太陽の運行を等間隔に分けたものです。したがって，月の運行を基準にした太陰暦ではありません。太陽暦です。

　二十四節気，七十二候はどれも味わい深い象徴的な言葉によって表現されています。これらは，もともと古代中国で創られ日本に伝わったものです。二十四節気は今もそのまま使われていますが，七十二候は，日本の気候，風土に合わせて一部手直しされています。江戸時代の天文学者・暦学者である渋川春海（しぶかわはるみ）（1639～1715）などが改良しました。

　二十四節気の定義は，『こよみ便覧（べんらん）』（天明7年〔1787年〕）を元にしました。

　七十二候の読み方（訓読み）は，『明治七年　甲戌太陽略暦』（1874）によりました。表記は現代仮名遣いとし，適宜読点を補いました。

　なお，この本では二十四節気と七十二候を表す時，二通りの使い方をしました。

①　各節，各候の当日を表す場合。例えば，立春の日当日。

②　次の節，次の候のまでの期間を表す場合。例えば，立春なら，立春の日当日から次の雨水（うすい）の前日まで。

　各節気の日付が，〇〇頃となっているのは，毎年少しずつ変わるからです。〇〇に入っている日付は，2020年立春から2021年大寒のものです。毎年の正確な日付は，インターネットで簡単に知ることができます。

　今回，「図書館版　誰でもわかる古典の世界」（全4巻）に入れるにあたって，書名を『クイズで覚える日本の二十四節気＆七十二候』から『誰でもわかる日本の二十四節気と七十二候』に改め，新たに「四季の詩歌を楽しむ―春・夏・秋・冬」を加えました。

　最後になりましたが，作品の掲載をお許しいただきました歌人・俳人の皆様方にお礼申し上げます。

　2020年　小寒　　　　　　　　　　　　　　　　脳トレーニング研究会

目　　次

入門クイズ① 春はいつから？ ―四季―

　私たちは1年間を春夏秋冬の4つの季節に分けて暮らしています。それを**四季**と呼んでいます。では，春夏秋冬は，暦の上で，それぞれいつから始まるのでしょう？　（　）の中の3つのものから選んでください。

① 春がはじまるのは？

　（桜の開花日から　立春から　春分の日から）

② 夏が始まるのは？

　（夏至から　梅雨明けの日から　立夏から）

③ 秋が始まるのは？

　（秋分の日から　七夕祭りから　立秋から）

④ 冬が始まるのは？

　（立冬から　木枯らし1号が吹いた日から　冬至から）

挑戦！クイズ

　春夏秋冬にはそれぞれを象徴する色があります。（　）の中の3つの色から当てはまる色を選んでください。

① 春　（ピンク　青　茶）

② 夏　（朱（赤）　緑　黄）

③ 秋　（空　白　橙）

④ 冬　（玄（黒）　紫　白）

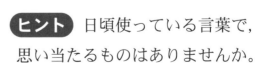 **ヒント** 日頃使っている言葉で，思い当たるものはありませんか。

入門クイズ② 「大寒」ってなに？ ―二十四節気―

「今日は『大寒（だいかん）』」,暦の上では1年で一番寒い日だ。」「今日は『啓蟄（けいちつ）』だ。虫たちも穴から出てくるぞ。暖かくなるぞ。」という声を聞いたことがあると思います。これが四季についでポピュラーな**二十四節気（にじゅうしせっき）**と言われるものです。

　①～⑦は，正しいか，正しくないか答えてください。

① 　二十四節気は，1年を24等分に分けて季節の移り変わりを示したものである。

② 　1年は春夏秋冬の4つの季節からなっており，春夏秋冬のそれぞれは，4つの節気からなっている。

③ 　大寒の日はあるが，小寒の日はない。

④ 　冬に「大寒」の日があるなら，夏にはその反対の「大暑（たいしょ）」という日もある。

⑤ 　二十四節気の「小雪」や「大雪」は，それぞれ「こゆき」「おおゆき」とと読む。

⑥ 　祝日になっている「春分の日」や「秋分の日」も二十四節気の1つである。

⑦ 　二十四節気の間隔は，ほぼ15日である。

入門クイズ③ 「魚上氷」ってなに？ー七十二候ー

　「大寒」とか「小寒（しょうかん）」とかの二十四節気は，日ごろよく耳にしますが，「魚上氷（うお，こおりをいずる）」「楓蔦黄（もみじ，つた，きばむ）」などは，あまり縁がない言葉だと思います。

　これが，季節の細やかな移り変わりを示す，**七十二候（しちじゅうにこう）**と言われるものです。なかなか味わい深い七十二候について，クイズを解きながら学びましょう。

　①〜⑦は，正しいか，正しくないか答えてください。

① 七十二候は,名前の通り,1年を72等分に分けて気候の移り変わりを示したものである。

② 二十四節気は1年を24節気に分けたものだが，1節気は4つの候からなっている。

③ 二十四節気は，昔中国で作られたものをそのまま使っている。

④ 七十二候は，昔中国で作られたものをそのまま使っている。

⑤ 二十四節気も七十二候も1年の太陽の運行をもとに作られている。

⑥ 七十二候の最初は「東風解氷（はるかぜ，こおりをとく）」である。

⑦ 七十二候は，ほぼ5日ごとの気候の変化を表すものである。

入門クイズ④　二十四節気を頭の中にインプット！

　入門クイズ①〜③で，二十四節気や七十二候がどんなものか，おぼろげながら分かっていただけたと思います。

　では，下の円形の「二十四節気表」を頭の中に完成させましょう。半分（12節気）空いています。下の□の中にある言葉を空いているところに順に当てはめ，二十四節気を頭の中にインプット！　してください。

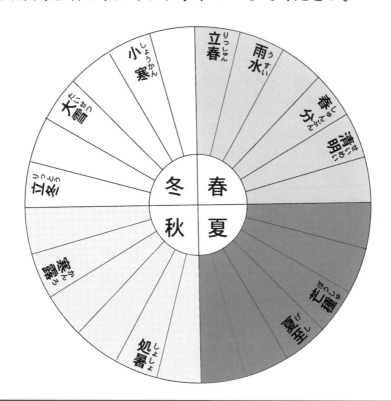

| だいかん
大寒 | けいちつ
啓蟄 | とうじ
冬至 | こくう
穀雨 | しょうまん
小満 | しょうしょ
小暑 | しゅうぶん
秋分 | はくろ
白露 | そうこう
霜降 | りっしゅう
立秋 |
| しょうせつ
小雪 | りっか
立夏 | たいしょ
大暑 | | | | | | | |

ヒント　1　反対の位置にある言葉に注目してください。

　　　　　2　似た言葉が隣り合わせになっているところがあります。

◎　カバーの裏に「二十四節気表」があります。参照してください。

立春には卵が立つ？

◇2月4日〜2月18日頃

　「立春」とは，二十四節気の1番で，春の気配がわずかながらでも感じられるようになる日です。というより，厳寒の中に少しでも早く春の気配を感じ取ろうとする日かもしれません。では，問題です。

① 　立春の日は，旧暦（太陽太陰暦）では，必ず1月1日である。○か×か？

② 　立春の日は，旧暦では，必ず1月にある。○か×か？

③ 　立春の前の日は，節分である。○か×か？

④ 　立春の日だけは，卵が立つ。○か×か？

文学で味わう二十四節気

　命が蘇る春の立つ日に降った清浄感に満ちた白い雪。それは豊作の瑞祥でもある。そして，その雪を被った婚礼衣装をまとったかに見える藁ぶきの家がある。雪が積もった粗末な藁家の風景だが，祝福に満ちている。

☆ 　節気や候は，その日のことを言う場合と期間のことを言う場合があります。例えば，期間の場合は次のようになります。以下，同じです。

節気 （ほぼ15日間）	候 （ほぼ5日間）	節気 （ほぼ15日間）	候 （ほぼ5日間）
立春	東風解氷	啓蟄	蟄虫啓戸
	黄鶯睍睆		桃始笑
	魚上氷		菜虫化蝶
雨水	土脉潤起	春分	雀始巣
	霞始靆		桜始開
	草木萌動		雷乃発声

立春の雪白無垢の藁家かな　川端茅舎

七十二候クイズ

「立春」の期間にある七十二候は，ほぼ5日ごとに順に次の3つがあります。

①「東風解氷」　②「黄鶯睍睆」　③「魚 上 氷」

　では，問題です。2つから正しい方を選んでください。

①　「東風解氷」とはどんなことでしょうか？

　　イ　春風が，長い間氷っていた氷を解かし始める時。

　　ロ　春風が，戸外で氷っていた野菜を解凍し始める時。

②　「黄鶯睍睆」とはどんなことでしょうか？

　　イ　ウグイスを見かけ始める時。

　　ロ　ウグイスのうるわしい声を聞き始める時。

③　「魚上氷」とはどんなことでしょうか？

　　イ　氷が解けて割れ，魚が氷の割れ目から姿を現わす時。

　　ロ　氷に穴を空けて，魚を釣り始める時。

七十二候の読み方

①　東風解氷：「はるかぜ，こおりをとく」

②　黄鶯睍睆：「うぐいす，なく」

③　魚 上 氷：「うお，こおりをいずる」

文学で味わう七十二候

　春風が吹いたらその匂いを遠く大宰府に流されている私の所までよこしてくれ，梅の花よ。梅の香をいつも愛でていた私がいなくても春を忘れないで，咲き続けてくれ。

　七十二候を知ると，この歌が一層味わい深くなります。作者は，平安時代前期の学者，漢詩人，歌人。

東風吹かば匂ひおこせよ梅の花主なしとて春を忘るな　菅原道真

11

雨水は雨が降る節気？

◇2月19日～3月4日頃

　立春から15日ほど経ちますと，二十四節気の2番「雨水」です。いよいよ春めいてきます。それが，次の頁の3つの候によく表れています。では，問題です。

① 　雨水は，よく雨の降る頃である。○か×か？

② 　雨水とは，暖かい気が地面からわき立ち，積もった雪や氷が解けて，それが雨となって降り注ぐ時である。○か×か？

③ 　雨水は，いよいよ本格的な農耕に備え準備を始める時である。○か×か？

文学で味わう二十四節気

　いよいよ籾を発芽させ苗を作る籾の選別です。籾を水に入れ，籾の浮き沈みで重いしっかりした籾を選ぶのです。盥に水を張る作者の弾んだ気持ちが「明日は雨水か」に表れています。作者は版画家，歌人，俳人そして農民。

沈む籾浮き上がる籾選り分ける水は盥に、明日は雨水か　松本秀一

「雨水」の期間にある七十二候は，ほぼ5日ごとに順に次の3つがあります。

①「土脉潤起」 ②「霞始靆」 ③「草木萌動」

　では問題です。2つから正しい方を選んでください。

① 「土脉潤起」とはどんなことでしょうか？

　イ　凍っていた大地も暖かな雨で湿り春の生気を発し始める時。

　ロ　耕された土が脈（脉）打ったように見える時。

② 「霞始靆」とはどんなことでしょうか？

　イ　霞がたなびき始める時。

　ロ　霞が雲になる時。

③ 「草木萌動」とはどんなことでしょうか？

　イ　草木の芽が出始める時。

　ロ　草木が楽しく揺れ始める時。

七十二候の読み方

①　土脉潤起：「つちのしょう，うるおいおこる」

　＊脉は脈の異体字。土脉は，大地の連なり。訓読の「しょう」は「象」で，きざし。

②　霞　始　靆：「かすみ，はじめてたなびく」

③　草木萌動：「そうもく，めばえいずる」

文学で味わう七十二候

　草木が芽生え始めた春のおとずれを喜ぶ万葉集の歌です。歌の意味は，「いきおいよく水が岩の上を滑り落ちる滝のほとりに，青青としたワラビが芽を出す春にとうとうなったなあ」です。作者は天智天皇の第7皇子。

春

石走る垂水の上のさわらびの萌え出づる春になりにけるかも　志貴皇子

啓蟄ってどういうこと？

◇ 3月5日〜3月19日頃

　雨水から15日ほど経ちますと，二十四節気の3番「啓蟄」です。ついに春です。次の頁の3つの候は本当に嬉しげです。では，問題です。

① 　啓蟄は，地中も温かくなったので，冬ごもりしていた虫たちが，穴を開いて地上に出てくる時である。〇か×か？

② 　啓蟄は，虫たちが大地に穴を掘って冬眠することである。〇か×か？

③ 　啓蟄の「啓」は，ひらく，「蟄」は，虫などが地中に隠れこもることである。〇か×か？

文学で味わう二十四節気

　啓蟄の日に私の家の門に真新しい靴の跡があった。誰だろう，冬ごもりから目ざめ，他ならぬ私の家の門を出て行ったのは？ユーモアたっぷりの俳句です。作者は，飯田蛇笏門の俳人。

啓蟄のわが門や誰が靴のあと　　高橋淡路女

14

七十二候クイズ

「啓蟄」の期間にある七十二候は，ほぼ5日ごとに順に次の3つがあります。

①「蟄虫啓戸」　②「桃始笑」　③「菜虫化蝶」

　では問題です。2つから正しい方を選んでください。

① 「蟄虫啓戸」とはどんな時でしょうか？

　　イ　冬ごもりの虫が戸の隙間から家の中に入ってくる時。

　　ロ　冬ごもりの虫が戸を開くようにして地上に出てくる時。

② 「桃始笑」とはどんな時でしょうか？

　　イ　まるで笑うように桃の実が生る時。

　　ロ　桃の花が咲き始める時。

③ 「菜虫化蝶」とはどんな時でしょうか？

　　イ　青虫がさなぎからモンシロチョウになる時。

　　ロ　チョウチョウが虫のように菜っ葉を食べる時。

七十二候の読み方

① 蟄虫啓戸：「すごもりむし，とをひらく」

② 桃 始 笑：「もも，はじめてさく」

③ 菜虫化蝶：「なむし，ちょうとなる」

文学で味わう七十二候

　この世に現れ出たばかりの春の美しい命，初蝶は，嬉しいことに私に向かって一途に飛んで来るかのようだ。「一途に…来る」が，この新しい春を存分に生きようとする意志を蝶に与え，蝶の生き生きとした姿を生み出しています。橋本多佳子は美しい人だったと聞いております。作者は，山口誓子門の俳人。

初蝶の一途に吾に来るごとし　橋本多佳子

◇3月20日～4月3日頃

啓蟄から15日ほど経ちますと，二十四節気の4番「春分（しゅんぶん）」です。昔から「暑さ寒さも彼岸（ひがん）まで」と言われています。いよいよ本当の春がやって来ます。では，問題です。

① 春分の日を間に挟んで前後の3日をお彼岸といい，先祖の供養をする期間である。○か×か？

② 春分の時に作るあんころ餅を，おはぎという。○か×か？

③ 春分の日は，昼と夜の時間がほぼ同じに2分される日である。○か×か？

④ 「暑さ寒さも彼岸まで」の暑さと関係のある彼岸は，秋分の日を挟んだ秋の彼岸のことである。○か×か？

文学で味わう二十四節気

「暑さ寒さも彼岸まで」を踏まえた句です。子規が，「お彼岸なのに寒いねえ」といったのを受けて，子規のお母さんはこう答えたそうです。それが本当なら，作者は，お母さんの名前にしなくてはいけないのではと，ふと思いました。作者は，近代俳句を作った人。

毎年よ彼岸の入（い）りに寒いのは　正岡子規（まさおかしき）

七十二候クイズ

「春分」の期間にある七十二候は，ほぼ5日ごとに順に次の3つがあります。

① 「雀始巣」 ② 「桜始開」 ③ 「雷乃発声」

春はいよいよ盛りに！ 3つの候も様々な活動が始まることを示しています。では問題です。2つから正しい方を選んでください。

① 「雀始巣」とはどんな時でしょうか？

　イ　雀が巣を作り始める時。

　ロ　子雀が巣から飛び立ち始める時。

② 「桜始開」とはどんな時でしょうか？

　イ　桜祭りが始まる時。

　ロ　桜の花が咲き始める時。

③ 「雷乃発声」とはどんな時でしょうか？

　イ　子どもが雷様がこわいよこわいよと言い始める時。

　ロ　なんとなくやさしい春の雷が鳴り始める時。

七十二候の読み方

① 雀 始 巣：「すずめ，はじめてすをくう」

② 桜 始 開：「さくら，はじめてひらく」

③ 雷乃発声：「かみなり，すなわちこえをはっす」

文学で味わう七十二候

　古来，琵琶湖のほとり志賀（滋賀）に幾多の都が置かれたが，ことごとく潰（つい）えてしまった。しかし，長等山（ながらやま）の山桜は昔ながらに美しく咲いている！ 作者は，平家の武将の一人で，一ノ谷で戦死しました。『平家物語』にある「盛者必衰（じょうしゃひっすい）の理（ことわり）」という言葉が思い出され，感慨深いものがあります。

春

さざ波や志賀（しが）の都は荒れにしを昔ながらの山桜かな　平忠度（たいらのただのり）

清明とはなんですか？

◇ 4月4日〜4月18日頃

　春分から15日ほど経ちますと，二十四節気の5番「清明」です。4月8日はお釈迦様の誕生日，花祭りです。百花が咲き乱れる頃になりました。春爛漫です。では，問題です。

① 　清明とは，草木が一斉に芽吹いて大気も清く，明るくなり，ものごともはっきり見え，芽吹いたものが何の草かもよく分かる時である。○か×か？

② 　清明とは，陰陽師で有名な安倍晴明を偲ぶ時でもある。○か×か？

③ 　沖縄では，親戚，家族が，みんなで一緒に先祖のお墓参りをし，お墓の前で食事をしたりして楽しむ清明という行事がある。○か×か？

文学で味わう二十四節気

　風清く，路傍の草々も花を咲かせる時，一人の老女が数珠を繰りながら念仏を唱えて歩いて行きます。信仰の路を真っ直ぐに行く老女の清らかさが，「清明の路」に言い止められています。作者は，近代の代表的俳人。

清明の路ゆく媼が念珠かな　飯田蛇笏

七十二候クイズ

「清明」の期間にある七十二候は, ほぼ 5 日ごとに順に次の 3 つがあります。

① 「玄鳥至」 ② 「鴻雁北」 ③ 「虹始見」

では問題です。 2 つから正しい方を選んでください。

① 「玄鳥至」とはどんな時でしょうか？

イ 玄とは黒で, 黒い鳥がどこからともなくやってくる時。

ロ 玄鳥とはツバメで, ツバメが南からやってくる時。

② 「鴻雁北」とはどんな時でしょうか？

イ 北からカリがやってくる時。

ロ 北へカリが帰っていく時。

③ 「虹始見」とはどんな時でしょうか？

イ 虹が出来る様子が始めから見える時。

ロ 日の強さがもどり, 虹が雨の後に見えるようになる時。

七十二候の読み方

① 玄 鳥 至：「つばめ, きたる」

② 鴻 雁 北：「こうがん, かえる」

③ 虹 始 見：「にじ, はじめてあらわる」

文学で味わう七十二候

　春霞も立ち, 桜の花も咲くこの美しい世界を見捨ててどうして雁は帰っていくのでしょう。花のないさびしい世界に住みなれているからでしょうか。それにしても, 雁がいなくなったこの世界もさびしくなりますね。作者は, 宇多天皇に愛された平安時代前期の女流歌人。

春

春がすみ立つを見すててゆく雁は花なき里に住みやならへる　伊勢

穀雨ってどんな雨？

◇4月19日〜5月4日頃

　清明から15日ほど経ちますと，二十四節気の6番「穀雨（こくう）」です。晩春です。次の季節への胎動の時期であり，人間にとっては大事な時です。では，問題です。

① 　穀雨とは，多くの穀物の育ちを助ける春の雨が降る時である。○か×か？

② 　穀雨には，日本では田植えがすべて終わっている。○か×か？

③ 　二十四節気で「雨」が付くのは「雨水」「穀雨」以外にまだある。○か×か？

文学で味わう二十四節気

　まことに日本的な風景が描かれています。夕べのほのかな日差しを浴び，春の暖かな雨が，やわらかに降り続けています，それも穀雨と言う穀物にやさしい雨が。その雨を浴びて苗は安心して伸びるのです。作者は，高浜虚子（きょし）門の俳人。

苗床にうす日さしつ〻穀雨かな　西山泊雲（にしやまはくうん）

「穀雨」の期間にある七十二候は，ほぼ５日ごとに順に次の３つがあります。

① 「葭始生」 ② 「霜止出苗」 ③ 「牡丹華」

では問題です。 ２つから正しい方を選んでください。

① 「葭始生」とはどんな時でしょうか？

　イ　アシが水辺で芽吹き始める時。

　ロ　葭簀を作り始める時。

② 「霜止出苗」とはどんな時でしょうか？

　イ　霜の害から苗を守る時。

　ロ　霜が降らなくなり，稲の苗が伸びて行く時。

③ 「牡丹華」とはどんな時でしょうか？

　イ　百花の王，ボタンの花が咲く時。

　ロ　ボタンの花の種をまく時。

七十二候の読み方

① 葭 始 生：「あし，はじめてしょうず」

② 霜止出苗：「しもやんで，なえいずる」

③ 牡 丹 華：「ぼたん，はなさく」

文学で味わう七十二候

　絢爛豪華な歌です。咲き誇っていた百花の王たる紅の牡丹が，白玉の盤に崩れ落ちるのです。その音はどのような音でしょう。それはこの世の音ではありません。眠る胡蝶と皇后の目を覚まさせるこの歌の中だけに響く無上の美しさを持った音なのです。頽唐美漂う歌です。作者は，近代の代表的歌人。

春

くれなゐの牡丹おちたる玉盤のひびきに覚めぬ胡蝶と皇后　与謝野晶子

21

立夏，えっ，もう夏？

◇5月5日〜5月19日頃

　穀雨から15日ほど経ちますと，二十四節気の7番「立夏」です。木々の美しい時です。ますます生き物が活発に動き出します。では，問題です。

① 　立夏の頃は，新緑の美しい時である。〇か×か？

② 　立夏の日は，一年で一番昼の長い時である。〇か×か？

③ 　立夏の頃は，初夏と言われる。〇か×か？

文学で味わう二十四節気

　この句の味わい所は，「恐るべき」でなく，「おそるべき」と平仮名表記になっている所である。平仮名表記にすることで，ストレートに恐れるのではなく，親しみを込めた「おそるべき」になっているのだ。だから，「おそるべき君等の乳房」というフレーズには，性的差異を踏まえた上での平等感が出ている。夏の解放感と戦後の解放感が合わせて表現された句で，乳房の持ち主である君等が，堂々と夏とともにやって来る時代を喜んでいるのである。作者は，戦前の新興俳句（モダニズム俳句）の旗手で，戦後も活躍。

おそるべき君等の乳房夏来る　西東三鬼

「立夏」の期間にある七十二候は，ほぼ５日ごとに順に次の３つがあります。

①「鼃始鳴」 ②「蚯蚓出」 ③「竹笋生」

　では問題です。２つから正しい方を選んでください。

① 「鼃始鳴」とはどんな時でしょうか？

　　イ　カメがにぎやかに鳴き始める時である。

　　ロ　カエルがにぎやかに鳴き始める時である。

② 「蚯蚓出」とはどんな時でしょうか？

　　イ　ミミズが地中から這い出て来る時。

　　ロ　トカゲが地中から這い出て来る時。

③ 「竹笋生」とはどんな時でしょうか？

　　イ　竹の子が竹となってしまう時。

　　ロ　おいしい竹の子が生えてくる時。

夏

七十二候の読み方

① 鼃 始 鳴：「かわず，はじめてなく」

② 蚯 蚓 出：「みみず，いずる」

③ 竹 笋 生：「たけのこ，しょうず」

文学で味わう七十二候

　おいしそうな竹の子なので，いそいそと皮を剥いた。そうしたら，光を放ってみずみずしい竹の子の白い中身が現われて来たのだ。その光は，竹の子の命の輝きであった。作者は，大正時代に活躍した俳人。

筍_{たけのこ}の光放_っつてむかれたり　渡辺_{わたなべ}水巳_{すいは}

小満ってなにが満ちるの？

◇5月20日〜6月4日頃

　立夏から15日ほど経ちますと，二十四節気の8番「小満(しょうまん)」です。天地の間に万物が満ち，陽気はますますよくなります。では，問題です。

① 　小満の頃は，すべての生き物が成長し，草木の枝葉が繁る時である。
　　○か×か？

② 　八十八夜の後は霜は降りないと言われる。八十八夜は小満の時である。
　　○か×か？

③ 　小満の日の満月は，いつもより小さい。○か×か？

文学で味わう二十四節気

　朝の雨に，青々と繁った木々の葉も濡れ，私も濡れることによって，同じ濡れたもの同士である青葉と私は対等なのです。そして，青葉は私と同じ道を歩む親しい同行者となります。その同行の青葉の雫を浴び，私は青葉の若い旺盛な命をもらうのです。作者は，出家し各地を行脚をした自由律俳句の俳人。

朝の雨青葉も濡れつ私も濡れつ　種田山頭火(たねださんとうか)

七十二候クイズ

「小満」の期間にある七十二候は，ほぼ5日ごとに順に次の3つがあります。

①「蚕起食桑」　②「紅花栄」　③「麦秋至」

では問題です。2つから正しい方を選んでください。

① 「蚕起食桑」とはどんな時でしょうか？

　　イ　カイコが，卵から孵りクワの葉を盛んに食べ成長する時。

　　ロ　カイコの時期になって，子どもたちが熟したクワの実を食べる時。

② 「紅花栄」とはどんな時でしょうか？

　　イ　紅の原料であるベニバナが咲いて摘みごろを迎える時。

　　ロ　一面紅い花の咲いたように栄える時。

③ 「麦秋至」とはどんな時でしょうか？

　　イ　秋に刈り入れをする麦の種を撒く時。

　　ロ　黄金色に麦が熟し，麦にとっての刈り入れの秋を迎える時。

七十二候の読み方

①　蚕起食桑：「かいこ，おきてくわをはむ」

②　紅花栄：「べにはな，さかう」

③　麦秋至：「むぎのあき，いたる」

文学で味わう七十二候

　「黄のクレヨン」を折るのではなく，「クレヨンの黄」を折るというのがこの俳句の眼目です。クレヨンの黄は折られることによってクレヨンから解放され，目の前に広がる熟した麦の黄一色の世界に飛び散り，麦秋の黄をさらに美しい黄にするのです。作者は，現在活躍中の俳人。

夏

クレヨンの黄を麦秋のために折る　林桂

芒種の芒ってなに？

◇6月5日〜6月20日頃

　小満から15日ほど経ちますと，二十四節気の9番「芒種（ぼうしゅ）」です。田植えの真っ最中です。では，問題です。

① 　芒種の芒は，「のぎ」で，稲や麦にあるとげとげのことである。○か×か？
② 　とげとげのある穀物の種をまく時が芒種である。日本では田植え。○か×か？
③ 　芒種が終わった頃から梅雨に入る。○か×か？

文学で味わう二十四節気

　見上げれば雲はおだやかに流れ，足元を見れば水はおだやかに流れて行く。人の命を支える穀物の播種（日本では田植え）の頃を迎え，自然はやさしい表情を見せてくれるのだ。作者は，現在活躍中の俳人。

芒種なり流れてやさし雲と水　永井江美子（ながいえみこ）

26

七十二候クイズ

「芒種」の期間にある七十二候は，ほぼ5日ごとに順に次の3つがあります。

①「螳螂生」　②「腐草為蛍」　③「梅子黄」

では，問題です。2つから正しい方を選んでください。

①　「螳螂生」とはどんな時でしょうか？

　　イ　へんな虫が沢山生まれる時。

　　ロ　カマキリが生まれ出てくる時。

②　「腐草為蛍」とはどんな時でしょうか？

　　イ　腐った草の陰からホタルが飛び出てくる時。

　　ロ　腐った草が，ホタルになる時。

③　「梅子黄」とはどんな時でしょうか？

　　イ　梅の実が熟し黄色くなる時。この頃梅雨に入る。

　　ロ　梅の実を食べた子どもが黄色くなる時。

七十二候の読み方

①　螳 螂 生：「かまきり，しょうず」

②　腐草為蛍：「くされたるくさ，ほたるとなる」

③　梅 子 黄：「うめのみ，きばむ」

文学で味わう七十二候

　「恋人のことを思いすぎて，ついに自分の体から魂が谷川を飛ぶホタルとなって出ていってしまった」と，自らの魂の美しさを歌う，恋の病に心はどこへやらの女性がいます。作者は，平安時代中期の優れた女流歌人。

夏

物思へば沢のほたるも我が身よりあくがれ出づる玉かとぞ見る　和泉式部

夏至はどんな日？

◇6月21日～7月6日頃

　芒種から15日ほど経ちますと，二十四節気の10番「夏至」です。雨の中，紫陽花が咲く風情のある頃でもあります。では，問題です。

① 　夏至の日は，昼間の長さが一年で二番目に長い日である。〇か×か？
② 　夏至の頃は，梅雨の真っ只中である。〇か×か？
③ 　夏至の日から11日目を半夏生といい，田植えを終える目安とされた。〇か×か？

文学で味わう二十四節気

　この人は夜寝る前の読書を楽しんでいたのでしょう。読書を終える時，今日は夏至という昼間が1年で一番長い日だったが，何てこともなかった，いつもと同じように本を閉じて寝るだけだ，というのです。「閉ぢにけり」は，本を閉じるのと1日を閉じるのを掛けています。作者は，近代俳句の大御所。

夏至今日と思ひつつ書を閉ぢにけり　高浜虚子

七十二候クイズ

「夏至」の期間にある七十二候は，ほぼ5日ごとに順に次の3つがあります。

①「乃東枯」 ②「菖蒲華」 ③「半夏生」

では，問題です。2つから正しい方を選んでください。

① 「乃東枯」とはどんな時でしょうか？

　　イ　東の方の草木が枯れる時。

　　ロ　乃東は夏枯草のことで，その夏枯草が枯れる時。日本名はウツボグサ。

② 「菖蒲華」とはどんな時でしょうか？

　　イ　菖蒲の湯に浸かり，お風呂が華やぐ時。

　　ロ　アヤメの花が咲く時。アヤメは梅雨の頃を彩る花です。

③ 「半夏生」とはどんな時でしょうか？

　　イ　半夏すなわち，烏柄杓が生える時。

　　ロ　夏が半分過ぎて，やれやれと思う時。

七十二候の読み方

① 乃東枯：「なつかれくさ，かるる」

② 菖蒲華：「あやめ，はなさく」

③ 半夏生：「はんげ，しょうず」

夏枯草

文学で味わう七十二候

　同時代の蕪村に「妹が垣根三味線草の花咲きぬ」（妹は恋人。三味線草はナズナ）があります。芭蕉の句に「よく見れば薺花咲く垣根かな」があります。芭蕉の句は小さな花の美を詠んだものですが，二人とも芭蕉の「垣根」の句を恋の句に変えています。ただ，暁台は薺を派手なアヤメに変えましたが。江戸時代中期の俳人。

きのふ見し妹が垣根の花あやめ　加藤暁台

夏

29

小暑の次はどんな日？

◇7月7日〜7月21日頃

夏至から15日ほど経ちますと，二十四節気の11番「小暑」です。もうすぐ梅雨明けの頃です。いよいよ本格的な夏です。では，問題です。

① 小暑の次は中暑が来る。〇か×か？

② 小暑の次は，もっと暑い大暑が来る。〇か×か？

③ 小暑から立秋の前日にかけて，暑中見舞いを出す。〇か×か？

文学で味わう二十四節気

書き出しの「小」が効いています。「小」があるからこそ，あまり暑くなく，「よしこ」も小さな子で，したがって「この笑窪」も小さくかわいらしく，笑窪を見せてころころ笑う様子が何とも愛らしいのです。「小」（しょう・こ）が作り出した穏やかな生活の一コマです。作者は，現在活躍中の俳人。

小暑かなよしこの笑窪ころころす　高橋比呂子

「小暑」の期間にある七十二候は，ほぼ5日ごとに順に次の3つがあります。

①「温風至」　②「蓮始開」　③「鷹乃学習」

　では，問題です。2つから正しい方を選んでください。

① 「温風至」とはどんな時でしょうか？

　　イ　太陽が照りつけ風を温める時。

　　ロ　暖かい湿っている風が吹いてくる時。

② 「蓮始開」とはどんな時でしょうか？

　　イ　蓮の実がはじけ始める時。

　　ロ　蓮の花が開き始める時。

③ 「鷹乃学習」とはどんな時でしょうか？

　　イ　鷹の子が飛び方を覚える時。

　　ロ　鷹の子が鳴き方を覚える時。

七十二候の読み方

① 温 風 至：「あつかぜ，いたる」

② 蓮 始 開：「はす，はじめてひらく」

③ 鷹乃学習：「たか，すなわちわざをならう」

文学で味わう七十二候

　見ればひとりでに悲しくなるその月が映る隙間もないほどに，池には何の作為もなく蓮の花がびっしり咲いている。まるで煩悩から解放された極楽のような美しい景色だ。作者は，武士から僧になった平安時代末期〜鎌倉時代初期の優れた歌人。

夏

おのづから月やどるべきひまもなく池に蓮の花咲きにけり　西行

大暑は一番暑い時？

◇7月22日～8月6日頃

　小暑から15日ほど経ちますと，二十四節気の12番「大暑（たいしょ）」です。梅雨が明け，待ちに待った？　エネルギッシュな夏の到来です。では，問題です。

① 　大暑の次は極暑が来る。○か×か？

② 　大暑の頃が一番暑い。○か×か？

③ 　ウナギを食べる土用の丑の日は大暑とほぼ同じ頃にある。○か×か？

文学で味わう二十四節気

　酷暑，猛暑は，気合いで生き抜くほかはない。作者は，群馬県の人で，大正時代に高浜虚子の『ホトトギス』で活躍した。「残雪やごうごうと吹く松の風」など，気合いの入った俳句が多くある。

念力のゆるめば死ぬる大暑かな　村上鬼城（むらかみ きじょう）

32

七十二候クイズ

「大暑」の期間にある七十二候は，ほぼ5日ごとに順に次の3つがあります。

①「桐始結花」　②「土潤溽暑」　③「大雨時行」

では，問題です。2つから正しい方を選んでください。

① 「桐始結花」とはどんな時でしょうか？

イ　桐の花が咲き，実を結ぶ時。　＊この桐は梧桐。^{あおぎり}

ロ　桐の葉が華やかに広がり始める時。

② 「土潤溽暑」とはどんな時でしょうか？

イ　土が濡れて，蒸し暑さもしのげる時。

ロ　土が湿り，蒸し暑くなる時。

③ 「大雨時行」とはどんな時でしょうか？

イ　夕立ちなど大雨が時々降る時。

ロ　大雨の中，出かけて行くと，よいことがある時。

七十二候の読み方

① 桐始結花：「きり，はじめてはなをむすぶ」

② 土潤溽暑：「つちうるおうて，むしあつし」

③ 大雨時行：「たいう，ときどきにふる」

文学で味わう七十二候

夕立が降ってきました。もう少しで止むだろう，止むだろうと思って雨宿りしているうちに本降りに！　しまった，もっと早く出て行けばよかった。後悔先に立たず。でも，なんと平和な日常でしょう。川柳の名句です。誹風柳多留は，江戸時代の川柳集。

本ぶりに成て出て行雨やとり　誹風柳多留

夏

33

立秋から涼しくなる？

◇8月7日～8月22日頃

　大暑から 15 日ほど経ちますと，二十四節気の 13 番「立秋(りっしゅう)」です。待ち望んだ秋ですが，暑さはなかなかおさまりません。では，問題です。

① 旧暦 7 月 7 日の七夕は，立秋の日のあとしばらくして来る。だから星がよく見える。〇か×か？

② どちらかと言えば，立秋の頃が 1 年で一番暑い。〇か×か？

③ 立秋の日の朝の秋の気配を，「今朝の秋」（季語）という。〇か×か？

文学で味わう二十四節気

　真っ赤な太陽は真夏と変わりないが，風には秋の気配が感じられることだ。残暑の俳句です。「あかあかと日は」の「あ」と「あきの風」の「あ」が響き合って，この俳句の調子を整えています。『おくのほそ道』金沢での 1 句。作者は，俳諧の確立者。

あかくと日は難面(つれなく)もあきの風　松尾芭蕉(まつおばしょう)

七十二候クイズ

「立秋」の期間にある七十二候は，ほぼ5日ごとに順に次の3つがあります。
①「涼風至」　②「寒蟬鳴」　③「蒙霧升降」
　では，問題です。2つから正しい方を選んでください。

① 「涼風至」とはどんな時でしょうか？
　イ　涼しい風が吹き始める時。
　ロ　涼しい風が至るところで吹いている時。

② 「寒蟬鳴」とはどんな時でしょうか？
　イ　カナカナと蜩（ひぐらし）が鳴き始める時。
　ロ　セミが寒さにふるえ始める時。

③ 「蒙霧升降」とはどんな時でしょうか？
　イ　濃い霧が上へ下へと動く時。
　ロ　深い霧におおわれる時。

七十二候の読み方

① 涼風至：「すずかぜ，いたる」
② 寒蟬鳴：「ひぐらし，なく」
③ 蒙霧升降：「ふかききり，まとう」

文学で味わう七十二候

　自ずから吹いて来る涼風に触れ，自ずから鳴き始める蟬の声を聞いて，自ずから来る秋を知るのです。自然の摂理がここにあります。七十二候にある「涼風至」と「寒蟬鳴」を読み込んで立秋が詠まれています。作者は，鎌倉幕府第3代将軍，歌人。

秋

吹く風の涼しくもあるかおのづから山の蝉鳴きて秋は来（き）にけり　源実朝（みなもとのさねとも）

35

処暑から本当に涼しくなる？

◇8月23日〜9月6日頃

　立秋から15日ほど経ちますと，二十四節気の14番「処暑（しょしょ）」です。残暑は続きますが，すこしずつ涼しくなって行きます。では，問題です。

① 　処暑は，「今は暑いところ」という意味である。○か×か？

② 　残暑見舞いは，もうこれからは暑くならないという処暑までである。○か×か？

③ 　台風がよく来るという二百十日は，処暑の期間中にある。○か×か？

文学で味わう二十四節気

　手の平を庭の苔に静かに伏せると，かすかにひんやりした。やわらかな苔の持つほのかな冷たさを手の平で感じるのである。暑さも峠を越えたことを実感した処暑の庭であった。皮膚感覚を喚起する「てのひら」という平仮名が効果的である。作者は，現在活躍中の俳人。

てのひらを苔（こけ）に伏せたり処暑の庭　依光陽子（よりみつようこ）

七十二候クイズ

「処暑」の期間にある七十二候は、ほぼ5日ごとに順に次の3つがあります。

①「綿柎開」　②「天地始粛」　③「禾乃登」

では、問題です。2つから正しい方を選んでください。

① 「綿柎開」とはどんな時でしょうか？

　　イ　綿の花が開く時。

　　ロ　綿の実の萼（柎）がはじけ、中から綿が出てくる時。

② 「天地始粛」とはどんな時でしょうか？

　　イ　秋になり天地が静かになり始める時。

　　ロ　粛は縮で、夏の暑気が縮み、涼しくなり始める時。

③ 「禾乃登」とはどんな時でしょうか？

　　イ　収穫した米を高床式の倉庫に納める時。

　　ロ　穀物すなわち稲が実る時。

七十二候の読み方

① 綿 柎 開：「わたのはなしべ、ひらく」

② 天地始粛：「てんち、はじめてさむし」

③ 禾 乃 登：「こくもの、すなわちみのる」

文学で味わう七十二候

　はじけた白い綿の実が、そのまま青い大きな空を風に乗ってどこまでも飛んでいく光景が目に浮かぶようだ。実際にはそんなことはないのだが。それにしても、あんな、ふかふかの綿の実が自然に出来るとは不思議だ。不思議としか言いようのない造化の妙である。納得の体言止め。作者は、現在活躍中の俳人。

秋

大空に風あり綿の実の不思議　東莎逍

白露ってどんな露？

◇9月7日〜9月21日頃

処暑から15日ほど経ちますと，二十四節気の15番「白露（はくろ）」です。いよいよ秋らしくなってきます。しかし，秋雨前線が時として，長雨をもたらす時期でもあります。では，問題です。

① 白露とは，天地が冷え露を結び始める時である。〇か×か？
② 白露とは，白く光る露を美しく言った言葉である。〇か×か？
③ 白露と同じように，秋の終わりに白霜という節気もある。〇か×か？

文学で味わう二十四節気

秋の野の草々の葉の上の白露（しらつゆ）に風はしきりに吹いている。それはあたかも紐を通してつないでいない真珠が次々と空中に散って行くかのようだ。はかない私の命のように。白露を白玉（しらたま）（真珠）に見立てた美しい歌です。作者は，平安時代前期の歌人。

しらつゆに風の吹きしく秋の野はつらぬきとめぬ玉ぞ散りける　文屋朝康（ふんやのあさやす）

七十二候クイズ

「白露」の期間にある七十二候は，ほぼ5日ごとに順に次の3つがあります。

①「草露白」　②「鶺鴒鳴」　③「玄鳥去」

　では，問題です。2つから正しい方を選んでください。

① 「草露白」とはどんな時でしょうか？

　　イ　草の葉に結んだ露の白く美しく輝く時。

　　ロ　草の葉に結んだ露が，雨で白く濁る時。

② 「鶺鴒鳴」とはどんな時でしょうか？

　　イ　鶺と鴒という鳥が鳴き始める時。

　　ロ　セキレイが鳴き始める時。

③ 「玄鳥去」とはどんな時でしょうか？

　　イ　玄関から鳥がいずこともなく去って行く時。

　　ロ　ツバメが南の国へ帰って行く時。

七十二候の読み方

① 草 露 白：「くさのつゆ，しろし」

② 鶺 鴒 鳴：「せきれい，なく」

③ 玄 鳥 去：「つばめ，さる」

文学で味わう七十二候

　秋になって去って行くツバメを追っていたら，最後まで見送ることはできなかった。火山の噴煙にまぎれ，ツバメはいつしか視界から消えてしまった。しかし，ツバメの姿はなおも淡く心に残っているのだ。深い淋しさが漂う俳句である。作者は，飯田蛇笏門の九州の俳人。

秋

噴煙にまぎれ去りたる燕かな　吉武月二郎

秋分ってどんな日？

◇9月22日〜10月7日頃

　白露から15日ほど経ちますと，二十四節気の16番「秋分（しゅうぶん）」です。稲刈りの真っ最中です。そして，お月様に，秋の収穫物を供える旧暦8月15日の十五夜（中秋の名月）もこの頃のお楽しみです。では，問題です。

① 　秋分の日は春分の日と同じく，昼と夜の時間がほぼ同じに2分される日である。　○か×か？

② 　秋分の日を挟んで前後3日間を，春と同じく彼岸（ひがん）というが，この頃に咲く彼岸花は，曼珠沙華（まんじゅしゃげ）ともいう。○か×か？

③ 　旧暦8月の十五夜の次に，旧暦9月にもう一度月見をするが，これを十六夜（いざよい）という。○か×か？

文学で味わう二十四節気

　青い光を発して空に浮かんでいる月を見ているととても悲しい。こんなに悲しいほど美しい月を見せてくれる秋が来るのは私だけではないのに，私だけに秋が来ているように思えてならないのだ。誰も経験するはずのないくらい悲しいから。平安朝の男も孤独でした。作者は，平安時代前期の歌人。

月見ればちぢに物こそかなしけれわが身ひとつの秋にはあらねど　大江千里（おおえのちさと）

七十二候クイズ

「秋分」の期間にある七十二候は，ほぼ5日ごとに順に次の3つがあります。

①「雷乃収声」　②「蟄虫坏戸」　③「水始涸」

では，問題です。2つから正しい方を選んでください。

① 「雷乃収声」とはどんな時でしょうか？

　　イ　雷を怖がる声が聞こえなくなる時。

　　ロ　暑い頃によく鳴った雷の音が聞こえなくなる時。

② 「蟄虫坏戸」とはどんな時でしょうか？

　　イ　寒くなるにつれ虫たちが地面の中に入り，入り口をふさぐ時。

　　ロ　寒くなったので家の戸を閉めるため，虫を閉め出すことになる時。

秋

③ 「水始涸」とはどんな時でしょうか？

　　イ　稲の刈り入れのため，田の水を抜く時。

　　ロ　雨が全く降らなくなる時。

七十二候の読み方

① 雷乃収声：「かみなり，すなわちこえをおさむ」

② 蟄虫坏戸：「むし，かくれてとをふさぐ」

③ 水始涸：「みず，はじめてかるる」

文学で味わう七十二候

　黄金の穂波が揺れていた時のことを思うと，稲を刈った後の今の飛鳥の道のなんとさびしいことだろう。このさびしさは，もうすっかり失われてしまったはるか昔の飛鳥時代の都への懐旧の情を呼び起こすのだ。作者は，モダニズムの俳人。

稲刈つて飛鳥（あすか）の道のさびしさよ　日野草城（ひのそうじょう）

寒露って寒い露のこと？

◇ 10月8日〜10月22日頃

　秋分から15日ほど経ちますと，二十四節気の17番「寒露（かんろ）」です。秋もまっさかりです。おいしいマツタケが出回る時です。しかし，徐々に寒さが忍びよる頃です。では，問題です。

① 　寒露とは，冷たい露が降りる時である。〇か×か？
② 　寒露とは，寒さで凝って霜になろうとしている冷たい露をいう言葉でもある。〇か×か？
③ 　寒露と甘露は同じものである。〇か×か？

文学で味わう二十四節気

　露が凍って霜のようになった，はかない露以上にはかない露霜を，常の朝以上に今朝は激しく身にまとって，細く長く繊細な菊の花がいくつも入り乱れて咲いています。そんな菊の花の姿は，美しく狂おしく哀れです。「いとゞしき」に今朝の光景のすさまじさが表現されています。作者は，大正末期に虚子のホトトギスで活躍した俳人。

乱菊にけさの露霜（つゆじも）いとゞしき　鈴木花蓑（すゞきはなみの）

「寒露」の期間にある七十二候は，ほぼ 5 日ごとに順に次の 3 つがあります。

① 「鴻雁来」　② 「菊花開」　③ 「蟋蟀在戸」

では，問題です。2 つから正しい方を選んでください。

① 「鴻雁来」とはどんな時でしょうか？

　　イ　カリが北の国から渡ってくる時。

　　ロ　コウノトリとカリが一緒になって北の国から渡ってくる時。

② 「菊花開」とはどんな時でしょうか？

　　イ　菊の花が開く時で，旧暦 9 月 9 日には菊をめでる重陽の節句が行われ，
　　　菊酒を飲んで長寿を願う。

　　ロ　菊人形展や菊花展が開かれる時。

③ 「蟋蟀在戸」とはどんな時でしょうか？

　　イ　コオロギが戸のそばで鳴く時。

　　ロ　コオロギが戸のすき間から出て行く時。

秋

七十二候の読み方

① 鴻雁来：「こうがん，きたる」

② 菊花開：「きくのはな，ひらく」

③ 蟋蟀在戸：「きりぎりす，とにあり」

　　＊かつて「コオロギ」を「キリギリス」と言った。

文学で味わう七十二候

　草を刈って車に乗せて運んで行くとき，野菊をこぼしこぼし行くのだ。鄙の道だが，こぼれて続く野菊によって荘厳されるのだ。作者は，江戸時代中期の俳人。蕉門。

草刈の道々こぼす野菊哉　藤屋露川

43

霜降は秋との別れ？

◇ 10月23日〜11月6日頃

　寒露から15日ほど経ちますと，二十四節気の18番「霜降(そうこう)」です。秋が深まり，美しい紅葉が見られる頃です。しかし，冬はもう近くです。では，問題です。

① 　霜降とは，寒さで牛の脂肪分が増し，霜降りが増える時である。○か×か？
② 　霜降とは，冷気で露が霜となって降りる時である。○か×か？
③ 　霜は，秋の季語である。○か×か？

文学で味わう二十四節気

　秋の山に霜が降りて木の葉が散り尽くし，なにもかもが消え，年が過ぎて行っても，私の心の中からあなたが消え去ることはありません。だからあなたもいつまでも私を待っていてください。私が帰ってくるまで。万葉集にあります。作者不詳です。

秋山に霜降り覆ひ木の葉散り年は行くともわれ忘れめや　柿本人麻呂歌集

「霜降」の期間にある七十二候は，ほぼ5日ごとに順に次の3つがあります。

① 「霜始降」　② 「霎時施」　③ 「楓蔦黄」

では，問題です。2つから正しい方を選んでください。

① 「霜始降」とはどんな時でしょうか？

　イ　朝霜に初めて素足で降り立つ時。

　ロ　霜が降り始める時。

② 「霎時施」とはどんな時でしょうか？

　イ　時雨が時々降るようになる時。

　ロ　時雨が降るのに合わせお布施をする時。

③ 「楓蔦黄」とはどんな時でしょうか？

　イ　モミジに黄色のツタが絡む時。

　ロ　モミジやツタが色づく時。

七十二候の読み方

① 霜始降：「しも，はじめてふる」

② 霎時施：「こさめ，ときどきふる」

③ 楓蔦黄：「もみじ，つた，きばむ」

文学で味わう七十二候

　さっと来た秋の時雨は，塀をぬらしただけで，さっと行ってしまった。塀をぬらしただけの時雨も哀れだが，やんだあとの濡れた塀のたたずまいもまた哀れである。作者は，小説家・劇作家，俳人。ちなみに時雨は冬の季語である。

秋

秋しぐれ塀をぬらしてやみにけり　久保田万太郎

45

<table>
<tr><td>二十四節気
クイズ⑲</td><td colspan="2">立冬，聞いただけで寒くなる？
◇ 11月7日〜11月21日頃</td></tr>
</table>

立冬，聞いただけで寒くなる？
◇ 11月7日〜11月21日頃

　霜降から 15 日ほど経ちますと，二十四節気の 19 番「立冬」です。年賀状が売り出され，巷ではもう年末モードです。暦の上では，ついに寒い冬がやってきたのです。では，問題です。

① 　立冬とは，冬の気が立ち現れていよいよ寒くなる時である。〇か×か？

② 　立冬の日は，1 年で一番昼間が短い。〇か×か？

③ 　立冬の日の朝を，俳句で「今朝の冬」という。〇か×か？

文学で味わう二十四節気

　はるかかなたの山にかかる雲の間から，枯れ色をおびたさびしそうな枝が見える。ああ，さびしい色をまとった冬があそこまで来ているのだ。冬を少し擬人化した面白さ。作者は，平安時代末期から鎌倉時代初期の公卿，歌人。

はるかなる嶺の雲間のこずゑまでさびしきいろの冬は来にけり　藤原良経

「立冬」の期間にある七十二候は，ほぼ5日ごとに順に次の3つがあります。

①「山茶始開」　②「地始凍」　③「金盞香」

では，問題です。2つから正しい方を選んでください。

① 「山茶始開」とはどんな時でしょうか？

　イ　山茶花_{さざんか}が咲き始める時。

　ロ　山のお茶の木の花が咲く時。

② 「地始凍」とはどんな時でしょうか？

　イ　大地がいよいよ凍り始める時。

　ロ　地は血のことであり，万物の血が凍り始める時。

③ 「金盞香」とはどんな時でしょうか？

　イ　スイセンの花が咲き始める時。

　ロ　キンセンカが咲き始める時。

七十二候の読み方

①　山茶始開：「つばき，はじめてひらく」

　　＊「山茶」をツバキと読むが，山茶花_{さざんか}のことだとされる。

②　地　始　凍：「ち，はじめてこおる」

③　金　盞　香：「きんせんか，さく」

　　＊七十二候のキンセンカは，スイセンの別名である。

水仙や寒き都のこゝかしこ　与謝蕪村_{よさぶそん}

冬

文学で味わう七十二候

　都のあちこちにぽっぽっと白く黄色く明るく咲いている水仙の姿が彷彿_{ほうふつ}とします。寒気の中に沈んでいる都に，作者は，華やかさを添えたのです。作者は，清新な感覚をもった江戸時代の中期の俳人。

小雪って小雪が降る時？

◇ 11 月 22 日〜 12 月 6 日頃

　立冬から 15 日ほど経ちますと，二十四節気の 20 番「小雪」です。初雪も見られ，だんだんと冬めいてきます。では，問題です。

① 小雪は，寒さのため雨が雪となって降る時である。○か×か？
② 女優の小雪は，芸名を二十四節気の小雪から取った。○か×か？
③ 二十四節気の小雪は，初雪とも言う。○か×か？

文学で味わう二十四節気

　庶民の町である下京。しかし，下京と言えども京という言葉は雅な響きを持つ。その下京に降り積もった美しい白い雪の上に，しとしとと雨が降っているのである。夜ではあるが，読者には，その静まり返った下京の姿がありありと見えるのである。作者は，江戸時代中期の俳人。蕉門。

下京や雪つむ上の夜の雨　野沢凡兆

「小雪」の期間にある七十二候は，ほぼ5日ごとに順に次の3つがあります。

①「虹蔵不見」　②「朔風払葉」　③「橘始黄」

　では，問題です。2つから正しい方を選んでください。

①　「虹蔵不見」とはどんな時でしょうか？
　　イ　虹が大きな蔵に入ってしまう時。
　　ロ　虹を見なくなる時。

②　「朔風払葉」とはどんな時でしょうか？
　　イ　北風が，木々の葉を吹き払う時。
　　ロ　北風がまき散らした葉っぱを掃く時。

③　「橘始黄」とはどんな時でしょうか？
　　イ　橘の実が黄ばみ始める時。
　　ロ　橘の葉が黄ばみ始める時。

七十二候の読み方

①　虹蔵不見：「にじ，かくれてみえず」
②　朔風払葉：「きたかぜ，このはをはらう」
③　橘 始 黄：「たちばな，はじめてきばむ」

文学で味わう七十二候

　街ですれ違った子どもからおいしそうな蜜柑の甘酸っぱい香りがしたのです。その蜜柑を食べる子どもの幸せを喜び，併せてこの子にも，自分自身にも間違いなくやって来る厳しい冬を思うのです。作者は，白樺派の歌人。

街をゆき子供の傍を通る時蜜柑の香せり冬がまた来る　木下利玄

冬

49

大雪って, 1年で一番雪が降る時?

◇ 12月7日〜12月20日頃

　小雪から15日ほど経ちますと, 二十四節気の21番「大雪(たいせつ)」です。年末を迎え, 寒さの中あわただしくなってきます。では, 問題です。

①　大雪とは, 雪がますます降り積もる時である。○か×か?

②　大雪は, 1年で一番雪の降る時である。○か×か?

③　世界一の豪雪国は, ロシアである。○か×か?

文学で味わう二十四節気

　降りしきる雪の中, 馬を止めて袖に積もった雪を払う物陰もない, 佐野の渡し場の雪の降り積もる夕暮であることよ。「苦しくも降りくる雨か神の崎狭野(みわ)の渡りに家もあらなくに」(万葉集)の本歌取りの歌。雨を雪にし, 冬の歌に変えた。万葉集の歌を知る読者は, 定家の歌を読むと, 家一軒ない佐野の渡し場のわびしい雨の光景も遠くに思い浮かべるのである。作者は, 平安時代末期から鎌倉時代初期の代表的歌人。

駒(こま)とめて袖うちはらふ(う)かげもなし佐野のわたりの雪の夕暮　藤原定家(ふじわらのていか)

七十二候クイズ

「大雪」の期間にある七十二候は，ほぼ5日ごとに順に次の3つがあります。

①「閉塞成冬」　②「熊蟄穴」　③「鱖魚群」

では，問題です。2つから正しい方を選んでください。

① 「閉塞成冬」とはどんな時でしょうか？

イ　冬になると，世の中は八方ふさがりの時になること。

ロ　天地の生気が一気に閉じこめられ，本格的な冬になる時。

② 「熊蟄穴」とはどんな時でしょうか？

イ　熊が穴籠りから出る時。

ロ　熊が冬眠のため穴に入る時。

③ 「鱖魚群」とはどんな時でしょうか？

イ　鱖（けつ）という魚が，群がって海を行く時。

ロ　鮭が，産卵のため川を上る時。

七十二候の読み方

① 閉塞成冬：「そらさむく，ふゆとなる」

② 熊　蟄　穴：「くま，あなにこもる」

③ 鱖　魚　群：「さけのうお，むらがる」

文学で味わう七十二候

　熊は体内へのたくわえが不足し冬眠が浅いと外に出，エサを求め行動します。そんな熊を狙い猟師が狩りをします。鉄砲で仕留められた熊は，巨大な生命体である大樹さながらに死を迎えるのです。作者は，夏目漱石門下の俳人。

熊撃てばさながら大樹倒れけり　松根東洋城（まつね とうようじょう）

冬

冬至は，一陽来復？

◇ 12 月 21 日～ 1 月 4 日頃

　大雪から 15 日ほど経ちますと，二十四節気の 22 番「冬至（とうじ）」です。冬至は，陰（いん）が極まって陽（よう）が帰って来るとして一陽来復（いちようらいふく）ともいいます。これからは，少しずつ日脚（ひあし）が長くなります。では，問題です。

①　冬至の日は，一年で一番昼間が短い時である。○か×か？

②　冬至の日には，ネギを食べる風習がある。○か×か？

③　冬至の日には，柚子湯（ゆず）に入る風習がある。○か×か？

文学で味わう二十四節気

　冬至の太陽は，しばしの休息を憩う牛の背に，弱い日差しながらせいいっぱいのぬくもりをしばし与えている。牛は，それをここちよく受け止めているのだ。見ている人の働く牛に寄せる温かいまなざしが感じられる俳句である。作者は，大正時代に論と実作に活躍した俳人。

荷休めの牛の背を干す冬至かな　大須賀乙字（おおすがおつじ）

七十二候クイズ

「冬至」の期間にある七十二候は，ほぼ5日ごとに順に次の3つがあります。

①「乃東生」　②「麋角解」　③「雪下出麦」

　では，問題です。2つから正しい方を選んでください。

① 「乃東生」とはどんな時でしょうか？

　イ　東の方の生き物が元気になる時。

　ロ　乃東（だいとう）は夏枯草（かごそう）のことで，その夏枯草の芽が出てくる時。日本名はウツボグサ。

② 「麋角解」とはどんな時でしょうか？

　イ　麋（び）（四不像（しふぞう））という不思議な動物が，角に結ばれた紐を解く時。

　ロ　大鹿が角を落とす時。

③ 「雪下出麦」とはどんな時でしょうか？

　イ　ユキノシタが麦より先に芽を出す時。

　ロ　麦が雪の下から芽を出す時。

七十二候の読み方

① 乃東生：「なつかれくさ，しょうず」

② 麋角解：「おおしか，つのおつる」

③ 雪下出麦：「ゆきくだりて，むぎいずる」

文学で味わう七十二候

　麦の青い芽がいくつも出た。その青い芽が，黒い小さな影を，冬の畑の土の上にいくつも落としている。それを見ていると，今日はなんとなく好い日だなあと思えてくるのだ。特別のこともなく，ほっとした気分の一日。作者は，従軍俳句で名高い俳人。

好日（こうじつ）の土（つち）麦の芽の影とあり　長谷川素逝（はせがわそせい）

小寒から一番寒くなる？

◇1月5日〜1月19日頃

　冬至から15日ほど経ちますと，二十四節気の23番「小寒（しょうかん）」です。いつの間にかお正月（新正月）は過ぎてしまいました。「新春」という年賀状をもらっても，寒さはいよいよ本番です。では，問題です。

① 　小寒の日は，いよいよ本格的な寒さを迎える日で，寒の入りともいう。〇か×か？

② 　「小寒の氷，大寒に解く（解ける）」とは，ものごとは順番通りに行くものだということわざである。〇か×か？

③ 　1年で一番寒いのは小寒から大寒の頃である。〇か×か？

文学で味わう二十四節気

　1年で一番寒い寒に入ると万物はかっちり締まり，生きる姿勢までも引き締まる。そして，応対までが，きびきびしてくるのだ。きびきびと寒に入って行く世界が，簡潔に描かれている。作者は，戦前から戦後にかけて活躍した俳人。

きびきびと応（こた）うる寒に入（い）りにけり　松本たかし

七十二候クイズ

「小寒」の期間にある七十二候は，ほぼ5日ごとに順に次の3つがあります。

①「芹乃栄」　②「水泉動」　③「雉始雊」

では，問題です。2つから正しい方を選んでください。

① 「芹乃栄」とはどんな時でしょうか？
　　イ　「芹乃栄」という日本酒が出来上がる時。
　　ロ　セリが元気よく育つ時。

② 「水泉動」とはどんな時でしょうか？
　　イ　地面の中で凍っていた泉の水が解けて動き出す時。
　　ロ　川や泉に張っていた氷が解けて流れ始める時。

③ 「雉始雊」とはどんな時でしょうか？
　　イ　キジ（メス）がヒナを孵す時。
　　ロ　キジ（オス）がメスを求め鳴き始める時。

七十二候の読み方

① 芹 乃 栄：「せり，すなわちさかう」
② 水 泉 動：「しみず，あたたかをふくむ」
③ 雉 始 雊：「きじ，はじめてなく」

文学で味わう七十二候

　瓶の原から湧いて流れている泉川。その泉川の「いづみ」ではないが，一体あなたをいつ見（「いづみ」と掛けている）かけたというのだろうか。まったく思いあたることがないのに，どうしてこんなに恋しいのだろう。恋の一形態。作者は，紫式部の曽祖父。平安時代前期の歌人。

瓶(みか)の原わきて流るる泉川いつ見きとてか恋しかるらむ　藤原兼輔(ふじわらのかねすけ)

冬

55

大寒の次はなに？

◇1月20日〜2月2日頃

　小寒から15日ほど経ちますと，二十四節気の最後24番「大寒」です。この時期をしのげば春です。春待つ心が一気に膨らみます。では，問題です。

① 暦の本によれば，大寒は，1年で一番冷える時とされる。○か×か？

② 大寒の最後の日は，節分にあたる。○か×か？

③ 大寒の次の節気は，新春である。○か×か？

文学で味わう二十四節気

　大空さえ凍ってきているようで，どこまでも冴えわたっている。その中を青く照らし渡って行く冬の夜の月は，まるで氷のように見えることだ。これでもかこれでもかと冬の寒さを演出しています。作者は，平安時代中期の僧，歌人。

天の原空さへさえや渡るらむ氷と見ゆる冬の夜の月　恵慶

七十二候クイズ

「大寒」の期間にある七十二候は，ほぼ5日ごとに順に次の3つがあります。

①「款冬華」　②「水沢腹堅」　③「雞始乳」

では，問題です。2つから正しい方を選んでください。

① 「款冬華」とはどんな時でしょうか？

　イ　ウドンゲの花の咲く時。

　ロ　フキノトウが出てくる時。

② 「水沢腹堅」とはどんな時でしょうか？

　イ　沢の水が凍って，氷がびっしり張りつめる時。

　ロ　沢の流れの底が堅固になる時。

③ 「雞始乳」とはどんな時でしょうか？

　イ　ニワトリが母乳を出し始める時。

　ロ　ニワトリが卵を産み始める時。

七十二候の読み方

① 款 冬 華：「ふきのはな，さく」　＊「款冬」は，ふきのこと。

② 水沢腹堅：「さわみず，こおりつめる」

③ 雞 始 乳：「にわとり，はじめてとやにつく」

　＊「とや」は鳥屋（鳥小屋）。

文学で味わう七十二候

　蕗の薹を食べ，はるか昔の初恋のことを偲んでいます。いつの世も甘い初恋は苦い結末をもたらすようです。作者の有名な句に「足袋（たび）つぐやノラともならず教師妻」があります。ノラはイプセンの『人形の家』の主人公です。作者は，近代の代表的な俳人の一人。

ほろ苦き恋の味なり蕗（ふき）の薹（とう）　杉田（すぎた）久女（ひさじょ）

卒業クイズ① 二十四節気漢字パズル

空欄に漢字を入れ，二十四節気を含め意味の通る2字熟語を作ってください。
（二十四節気でないものも混じっています）熟語は，矢印の方向に読みます。

①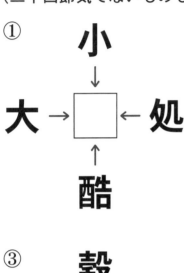

②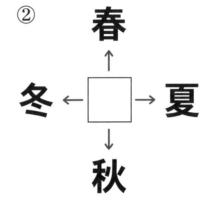

③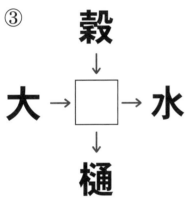

④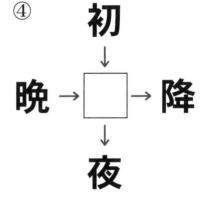

⑤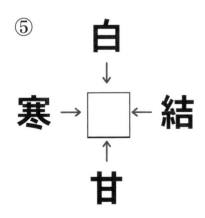

⑥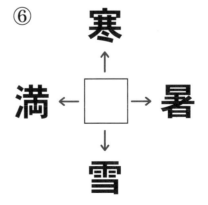

⑦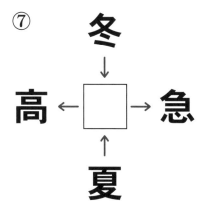

⑧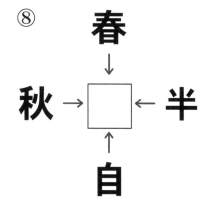

⑨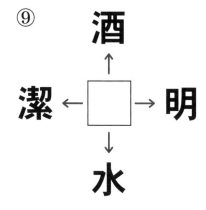

⑩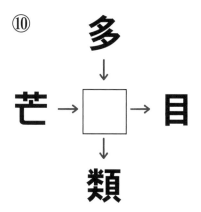

⑪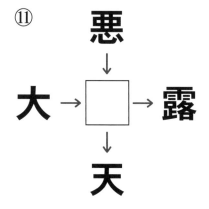

⑫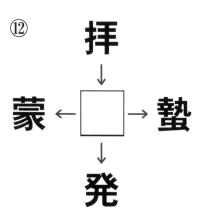

卒業クイズ② 二十四節気クロスワードパズル①

タテのカギ，ヨコのカギを解いて，クロスワードパズルを完成させましょう。
なお，小文字は大文字扱いとします。

1			2	3	4
		5			
	6				
7				8	9
10					

タテの鍵

1 妻恋に鳴く角のある動物。

2 立春の次。

3 清浄明潔を略したと言われる春の節気。

4 刀の部分。

6 穀物が潤う雨が降る時。

7 帰り。

9 鳥の王。

ヨコの鍵

1 雨が雪に変わる時。

5 海水浴場で○○○割り。

6 つゆは○○○にしてくれ。

7 重陽の節句と言えば。

8 ○○走る垂水（たるみ）の上のさわらびの萌（も）え出づる春になりにけるかも

10 夏には冷たいこれに限るね。

60

タテのカギ，ヨコのカギを解いて，クロスワードパズルを完成させましょう。
なお，小文字は大文字扱いとします。

1		2	3	
		4		5
6				
		7		
8				

タテの鍵

1 波を防ぐもの。

2 本格的な寒さの時の始まり。

3 手の先。

5 中国の西の果てにある大山脈。

ヨコの鍵

1 稲や麦のような穂先に棘のある穀物の種を撒く時。

4 合図の笛。

6 夕立。

7 秋分の次。また寒くなりました。

8 明治○○○。

卒業クイズ

61

二十四節気と当てはまる春夏秋冬を線でつないでください。

① 立春・　　　・春
　　処暑・　　　・夏
　　小暑・　　　・秋
　　大雪・　　　・冬

② 夏至・　　　・春
　　寒露・　　　・夏
　　小寒・　　　・秋
　　啓蟄・　　　・冬

③ 立冬・　　　・春
　　春分・　　　・夏
　　霜降・　　　・秋
　　小満・　　　・冬

④ 大暑・　　　・春
　　立秋・　　　・夏
　　雨水・　　　・秋
　　小雪・　　　・冬

⑤ 立夏・　　　・春
　　冬至・　　　・夏
　　清明・　　　・秋
　　秋分・　　　・冬

⑥ 大寒・　　　・春
　　穀雨・　　　・夏
　　白露・　　　・秋
　　芒種・　　　・冬

七十二候と当てはまる二十四節気を線でつないでください。

① 東風解氷・　　　　・立春　　② 腐草為蛍・　　　　・啓蟄

　綿柎開・　　　　　・立夏　　　桃始笑・　　　　　・霜降

　竹笋生・　　　　　・小雪　　　霜始降・　　　　　・冬至

　橘始黄・　　　　　・処暑　　　乃東生・　　　　　・芒種

③ 寒蝉鳴・　　　　　・穀雨　　④ 鱖魚群・　　　　　・清明

　山茶始開・　　　　・立秋　　　玄鳥去・　　　　　・夏至

　葭始生・　　　　　・小満　　　虹始見・　　　　　・大雪

　紅花栄・　　　　　・立冬　　　菖蒲華・　　　　　・白露

⑤ 土脉潤起・　　　　・小暑　　⑥ 桐始結花・　　　　・大寒

　蟋蟀在戸・　　　　・寒露　　　雷乃収声・　　　　・秋分

　水泉動・　　　　　・雨水　　　雷乃発声・　　　　・春分

　温風至・　　　　　・小寒　　　水沢腹堅・　　　　・大暑

春

春は何といっても桜です。桜の歌ならまずこれです。

世の中にたえて桜のなかりせば春の心はのどけからまし　在原業平

美男子で歌の名人、在原業平（八二五〜八八〇年）を主人公にした『伊勢物語』の歌です。惟喬親王という皇位継承候補から外れかかっている人がおりました。業平や紀有常などの近しい人たちが春のある日、淀川べりの渚の院といわれている親王の離宮に遊びました。

そこの桜があまりに見事でしたので、親王の前で酒を飲みながら、お供の人が身分のへだてなく歌を詠みあって楽しみました。その最初の歌です。

「世の中にほんとに桜がなかったなら、春は心安らかにいられることだろうに」と、業平は詠ったのです。なぜなら、春を彩る華やかな桜ですが、散るのも早いからです。わずかな期間の内に散ってしまう桜に、人は、人生のはかなさ、世の無常を思うのです。

しかし、それゆえにこそ、人は桜を愛せずにはいられないのです。

別の人が、業平の歌に対して、次のように応じます。

散ればこそいとど桜はめでたけれうき世になにか久しかるべき

「散るから桜はますます愛しいのだ。このつらくはかない世のどこに永遠のものがあるだろうか」といった意味です。

美しく、そしてはかなく消え去るものにこそ美を見出す人々がここにいます。

夏

夏と言えば冷たいものです。冷たいものと言えば、かき氷。かき氷と言えば、山口誓子

（一九〇一〜一九九四年）のこの俳句です。

匙なめて童たのしも夏氷　山口誓子　昭和二年

不思議なことに「かき氷」となっていません。そこで、手元の昭和初期の高浜虚子編『新歳時記』（三省堂、昭和十年）を引いてみますと、見出しは「氷水」となっており、氷を鉋で削り甘露を加えて飲用とするものをいふ。削つて用ゐるので削氷といひ、氷が冬季に属するのに対して夏氷ともいふ。

と解説されていました。この時代は、「かき氷」は季語として認められていなかったのです。

作者の誓子は、『自選自解山口誓子句集』（白鳳社、昭和四十四年）で言っています。

「氷」は冬のものだが、夏の氷水は、「氷水」とも「夏氷」とも云う。「氷水」の方がわかり易いが、すこし勿体ぶって「夏氷」と云ったのだ。

では、なぜ誓子は勿体ぶったのでしょう。おそらく、「夏」と「氷」の相反する言葉の取り合わせを面白がったのでしょう。先に引いた文章の冒頭に『氷』は冬のものだが」とわざわざ断っていることからも分かります。では、現代の夏の冷たいものの句を二つ。

ソフトクリーム掲げてさびしさを告げる　池田澄子

計算が合わないアイスカフェオーレ　塩見恵介

65

秋

秋は、名句が多いですが、ここでは、原石鼎（一八八六〜一九五一年）が吉野の山中に住んだ時代の名句の一つを紹介しましょう。

秋風や模様のちがふ皿二つ　原石鼎　大正三年

名句でありながら、名句たる理由がわかりやすく語られたことがない句です。では、この句を味わってみましょう。

秋風に吹かれる模様の違う皿が二つあります。この二つの皿は、身にしみるような物さびしい秋風に吹かれることによって、命が吹きこまれます。そして、個性あるものとして立ち上がるのです。

命を吹き込まれた二つの皿は、それぞれ模様が違うように、年月を経てきた過程も違います。使われて来た有様も違います。

彼らは、無言で自らの越（こ）し方行く末（すえ）を語り出すのです。だからこそ、読者は、この句を目にし、読んだとき、しみじみとした感情をいだくのです。

最後に、この句の眼目を申し上げます。

この句の眼目は、「秋風や模様のちがふ皿二枚・」となっていないことです。

「皿二つ」という表現には、この皿を見つめている人の思いが、すでに入っているのです。

だからこそ、身にしむ秋風に吹かれ、命を持つことになります。

冬

石川啄木（一八八六〜一九一二年）の歌は、抒情がありますが、べたべたしてはいません。乾いた抒情とでもいえるかもしれません。そこが、啄木の魅力です。

明治も終わりのころのこの冬の夜の歌もそうです。

さいはての駅に下り立ち
雪あかり
さびしき町にあゆみ入りにき　　石川啄木

この歌の見所は、真ん中の行の「雪あかり」です。この「雪あかり」が真ん中の行の上にあることによって、右の「さいはての駅」、すなわち地の果ての駅と、左の「さびしき町」、すなわちうらさびしい町の両方を照らすのです。

雪明りは、うっすらと照らすのですから、さいはての駅もさびしき駅もいよいよ活気がなく、生気がないことがわかります。

しかし、雪明りが、うっすらと照らしているのは、駅や町だけではありません。駅に下り立ち、町に足を踏み入れるこの人も、雪明りは、うっすらと照らしているのです。駅や町と同じようにこの人も生気を失った人なのです。

さいはてのさびしい町にやって来たかつての自分を、外から突き放して眺めているような、覚めた目が感じられる啄木の三行書きの短歌です。

解答

入門クイズ①　①立春から　②立夏から　③立秋から　④立冬から

　　　　挑戦！クイズ　①青　②朱(赤)　③白　④玄(黒)

入門クイズ②　①○　②×　＊6つ。　③×　④○　⑤×　⑥○　⑦○

入門クイズ③　①○　②×　③○　④×　＊日本で手直しされたものを使っている。　⑤○　＊季節の正確さを期すため。　⑥○　⑦○

入門クイズ④　カバー裏参照

二十四節気クイズ①　①×　②×　③○　④×　＊卵の表面のざらざらで立つ。　★七十二候　①イ　②ロ　＊睍睆<ruby>睍睆<rt>けんかん</rt></ruby>は鳥のうるわしい鳴き声。　③イ

二十四節気クイズ②　①×　②○　③○　★七十二候　①イ　②イ　③イ

二十四節気クイズ③　①○　②×　③○　★七十二候　①ロ　②ロ　③イ

二十四節気クイズ④　①○　②×　③○　④○　★七十二候　①イ　②ロ　③ロ

二十四節気クイズ⑤　①○　②×　③○　★七十二候　①ロ　②ロ　＊北は「北する」という動詞。　③ロ

二十四節気クイズ⑥　①○　②×　③×　★七十二候　①イ　＊ヨシとアシは同じもの。　②ロ　③イ

二十四節気クイズ⑦　①○　②×　③○　★七十二候　①ロ　②イ　③ロ

二十四節気クイズ⑧　①○　②×　＊八十八夜は，立春の日から数えて88日目。5月1日ごろ（穀雨）。　③×

　　　　★七十二候　①イ　②イ　③ロ

二十四節気クイズ⑨　①○　②○　③×　＊一般に梅雨は芒種の頃から。

　　　　★七十二候　①ロ　②ロ　＊かつては，腐った草から蛍が生まれると考えられていた。　③イ

二十四節気クイズ⑩　①×　②○　③○　★七十二候　①ロ　＊その花が夏咲くと，花穂<ruby>花穂<rt>かすい</rt></ruby>が黒く枯れたようになる。夏に枯れるこ

とを憐れまれた。　②ロ　③イ

二十四節気クイズ⑪　①×　②○　③○　＊暑中見舞いは，小暑から大暑。
★七十二候　①ロ　②ロ　③イ

二十四節気クイズ⑫　①×　②×　③○　＊土用とは，立春，立夏，立秋，立冬の前の 18 日間。一般には夏の土用のこと。
★七十二候　①イ　②ロ　③イ

二十四節気クイズ⑬　①○　②○　＊一番暑いのは 8 月初旬から 8 月中旬だから，OK。　③○　★七十二候　①イ　②イ　③ロ

二十四節気クイズ⑭　①×　＊「暑さがおさまる」という意味。　②○
③○　＊8 月 31 日頃。立春から数えて 210 日目。
★七十二候　①ロ　②ロ　③ロ

二十四節気クイズ⑮　①○　②○　③×　★七十二候　①イ　②ロ　③ロ

二十四節気クイズ⑯　①○　②○　③×　＊後（のち）の月と言われた十三夜（じゅうさんや）。十五夜か十三夜だけを見ることは嫌われた。
★七十二候　①ロ　②イ　③イ

二十四節気クイズ⑰　①○　②○　＊かつては，霜は露が凍ってできると考えられていた。　③×　＊甘露はおいしい飲み物のこと。　★七十二候　①イ　＊鴻とは大きい雁を指す。②イ　③イ

二十四節気クイズ⑱　①×　②○　＊かつては，霜は露が凍ってできると考えられていた。　③×　＊冬の季語。秋に降りる霜は秋霜。　★七十二候　①ロ　②イ　③ロ

二十四節気クイズ⑲　①○　②×　③○　＊張りつめた冬の寒さを感じさせる季語。★七十二候　①イ　②イ　③イ

二十四節気クイズ⑳　①○　②×　＊結婚前の本名は，加藤小雪（こゆき）。現在，松山小雪。　③×　★七十二候　①ロ　②イ　③イ

二十四節気クイズ㉑　①○　②×　＊2 月　③×　＊日本。雪の降る都市上位を独占。　★七十二候　①ロ　②ロ　③ロ

解
答

①○　②×　＊中風(脳卒中)予防にカボチャを食べる。

　　　　　　　　　③○　＊「融通が効く湯治」という語呂合わせから。

　　　　　　　　　★七十二候　①ロ　＊夏至の項参照。　②ロ　③ロ

二十四節気クイズ㉓　①○　＊寒は立春の前日まで。　②×　③○　＊統計

　　　　　　　　　上1月が一番寒い。　★七十二候　①ロ　②イ　③ロ

二十四節気クイズ㉔　①○　②○　③×　＊立春。

　　　　　　　　　★七十二候　①ロ　②イ　③ロ

卒業クイズ①　①暑　②立　③雨　④霜　⑤露　⑥小　⑦至　⑧分　⑨清

　　　　　　　⑩種　⑪寒　⑫啓

卒業クイズ②

¹シ	²ヨ	³ウ	セ	⁴ツ
カ		⁵ス	イ	カ
	⁶コ	イ	メ	
⁷キ	ク		⁸イ	⁹ワ
¹⁰ト	ウ	フ		シ

卒業クイズ③

¹ボ	²ウ	³シ	ユ	
ウ		⁴ヨ	ビ	⁵コ
⁶ハ	ク	ウ		ン
テ		⁷カ	ン	ロ
⁸イ	シ	ン		ン

卒業クイズ④　①立春―春　処暑―秋　小暑―夏　大雪―冬

　　　　　　　②夏至―夏　寒露―秋　小寒―冬　啓蟄―春

　　　　　　　③立冬―冬　春分―春　霜降―秋　小満―夏

　　　　　　　④大暑―夏　立秋―秋　雨水―春　小雪―冬

　　　　　　　⑤立夏―夏　冬至―冬　清明―春　秋分―秋

　　　　　　　⑥大寒―冬　穀雨―春　白露―秋　芒種―夏

卒業クイズ⑤　①東風解氷―立春　綿柎開―処暑　竹笋生―立夏　橘始黄―小雪

　　　　　　　②腐草為蛍―芒種　桃始笑―啓蟄　霜始降―霜降　乃東生―冬至

　　　　　　　③寒蟬鳴―立秋　山茶始開―立冬　葭始生―穀雨　紅花栄―小満

　　　　　　　④鱖魚群―大雪　玄鳥去―白露　虹始見―清明　菖蒲華―夏至

　　　　　　　⑤土脉潤起―雨水　蟋蟀在戸―寒露　水泉動―小寒　温風至―小暑

　　　　　　　⑥桐始結花―大暑　雷乃収声―秋分　雷乃発声―春分　水沢腹堅―大寒

編者紹介

脳トレーニング研究会

知的好奇心を満たし，知的教養を高めるクイズ，脳トレーニング効果のある楽しいクイズを日夜，研究・開発している研究会。著書に，『バラエティクイズ＆ぬり絵で脳トレーニング』『シニアのための記憶力遊び＆とんち・言葉クイズ』『シニアのための記憶力遊び＆脳トレクイズ』『シニアのための笑ってできる生活力向上クイズ＆脳トレ遊び』『シニアの脳を鍛える教養アップクイズ＆記憶力向上遊び』『シニアが毎日楽しくできる週間脳トレ遊び―癒やしのマンダラ付き―』『シニアの面白脳トレーニング 222』『コピーして使えるシニアの漢字で脳トレーニング』『コピーして使えるシニアの脳トレーニング遊び』『クイズで覚える日本の二十四節気＆七十二候』『孫子の兵法で脳トレーニング』『コピーして使えるシニアの脳トレーニング遊び』『コピーして使えるシニアの漢字トレーニングクイズ』『コピーして使えるシニアの漢字なぞなぞ＆クイズ』『コピーして使えるシニアの漢字楽楽トレーニング』『コピーして使える漢字パズル＆脳トレ遊び』『コピーして使えるシニアのクイズ絵＆言葉遊び・記憶遊び』がある。

■ 「文学で味わう二十四節気」「文学で味わう七十二候」「四季の詩歌を楽しむ」執筆

武馬久仁裕

1948 年愛知県生まれ。俳人。現代俳句協会理事。東海地区現代俳句協会副会長。日本現代詩歌文学館振興会評議員。船団会員。著書に，『G町』(弘栄堂)，『時代と新表現』(共著, 雄山閣)，『貘の来る道』(北宋社)，『玉門関』『武馬久仁裕句集』(以上, ふらんす堂)，『読んで，書いて二倍楽しむ美しい日本語』(編著)『武馬久仁裕散文集　フィレンツェよりの電話』『俳句の不思議，楽しさ，面白さ』『子どもも先生も感動！　健一＆久仁裕の目からうろこの俳句の授業』(共著)(以上，黎明書房)などがある。

[お問い合わせ]
黎明書房 (☎ 052-962-3045) まで

図書館版　誰でもわかる古典の世界①
誰でもわかる日本の二十四節気と七十二候

2020 年 2 月 1 日　初版発行	編　者	脳トレーニング研究会
	発行者	武 馬 久 仁 裕
	印　刷	株式会社太洋社
	製　本	株式会社澁谷文泉閣

発 行 所　　　　株式会社 黎 明 書 房

〒 460-0002　名古屋市中区丸の内 3-6-27　EBS ビル
☎ 052-962-3045　FAX 052-951-9065　振替・00880-1-59001
〒 101-0047　東京連絡所・千代田区内神田 1-4-9　松苗ビル 4 階
☎ 03-3268-3470

図書館版

誰でもわかる古典の世界
全4巻

わかりやすい，新鮮な読み方で，誰もが古典を楽しめます。
今までに味わったことのない感動をあなたに！
Ｂ５判・背角上製　全４巻セット価・定価 9680 円（税込み）

---

① 誰でもわかる日本の二十四節気と七十二候
脳トレーニング研究会編　Ｂ５/71 頁　定価 2420 円（税込み）

日本の細やかな季節の変化を表わす「二十四節気」「七十二候」がクイズで覚えられる
１冊。二十四節気・七十二候を詠った和歌や俳句もわかりやすく新鮮な読み方で紹介。
親本『クイズで覚える日本の二十四節気＆七十二候』に「四季の詩歌を楽しむ」を増補。

② 誰でもわかる美しい日本語　2020 年 2 月中旬刊行
武馬久仁裕編著　Ｂ５/67 頁（２色刷り）　定価 2310 円（税込み）

和歌や物語，漢詩や俳句，近代詩，ことわざや花言葉などをわかりやすく新鮮な読み
方で紹介。なぞって書く欄がありますので，作品に直接触れることができます。図書
館版にあたり，親本『読んで書いて，二倍楽しむ美しい日本語』に伊良子清白「海の声」，
三好達治「雪」の２編を増補。

③ 誰でもわかる孫子の兵法　2020 年 3 月中旬刊行
脳トレーニング研究会編　Ｂ５/83 頁＋カラー口絵４頁　定価 2530 円（税込み）

人生やビジネスの指南書として人気の「孫子の兵法」をクイズにしました。クイズを
解きながら，"戦わずして勝つ" "勝利は敵が与えてくれる" "敵を思うように動かして勝
つ" など，孫子の意表をついた兵法をマスター！　親本『孫子の兵法で脳トレーニング』
に「おさらい『孫子』クイズ」を増補。

④ 誰でもわかる名歌と名句　2020 年 4 月中旬刊行
武馬久仁裕編著　Ｂ５/77 頁　定価 2420 円（税込み）

万葉集，古今和歌集，百人一首から近代までの名歌 21 首と，江戸時代から近代まで
の名句 47 句を厳選し，わかりやすく新鮮な読み方で紹介。作者のことを知らなくて
も，歌や俳句を深く豊かに鑑賞できます。書下ろし。